AF468754

ÉTUDE

D'UNE

CONSTITUTION

RÉPARATRICE

OFFERTE

A LA FRANCE AGONISANTE

DIEU. — ROI. — PATRIE.

PAR L'AUTEUR

DE TROIS LETTRES AU COMTE DE BISMARK; L'ESPRIT DE PILATE; L'ANTISECTAIRE; ETC.

Le Comte de PIESSAC

CHARTRES

IMPRIMERIE DE GEORGES DURAND, RUE DE L'HOSPICE

1871

TABLE DES MATIÈRES.

AVANT-PROPOS.

CE QUI NOUS MANQUE !

Nous empruntons à la *Décentralisation* les lignes vraies et éloquentes qu'on va lire et dont on devrait bien se pénétrer :

Ce qui nous manque aujourd'hui et ce qui peut seul arracher la France à l'abaissement, voulez-vous le savoir ?

C'est la foi.

Non-seulement la foi religieuse, elle est, hélas ! depuis longtemps absente, mais la foi politique, la foi morale, c'est-à-dire l'adhésion vive et forte à une cause, à un principe.

. . . .
. . . .
. . . .

Une poignée d'aventuriers est descendue de Montmartre, et les quinze cent mille défenseurs de l'ordre sont rentrés dans l'ombre.

Lamennais écrivait un jour dans son âpre langage : Lorsque des antres où ils se cachaient, sortent soudain, haletants de fureur, les bannis de la civilisation pour ébranler la civilisation dans ses fondements mêmes, quiconque hésite à se lever, à se joindre à ses frères pour la défense commune, celui-là n'est pas homme, celui-là est infâme à jamais !

Non, ils ne sont pas infâmes ces honnêtes gens, non, ils ne sont pas lâches : le courage ne leur fait pas défaut, mais la foi.

L'intérêt seul n'élève pas ; il assujettit : il moralise moins qu'il n'énerve ; s'il est quelquefois un utile contre-poids et s'il sert de lest, c'est à la façon du boulet qu'à bord d'un bâtiment on attache aux pieds d'un cadavre avant de le jeter à la mer.

Peuples, quand, à l'heure d'un danger national, vous avez besoin d'un effort, d'un dévouement, d'une passion généreuse et ardente, ne vous fiez pas à l'égoïsme des intérêts : il vous faut plus encore ; il vous faut une religion politique ; un souvenir ou une espérance, qui devienne comme votre âme et vous rallie comme un drapeau. Dans la Rome républicaine, cela s'appelait la patrie. Sous Charles VII, sous Henri IV, à Zens, à Quiberon, cela se nommait le Roi. Au camp de Washington, c'était l'indépendance. A Castel-Fidardo, à Mentana, c'était le Pape. Quelque nom que vous lui donniez, chez Hoche ou chez la Rochejaquelein, c'est la vertu des héros et des grands peuples, c'est la foi, (v. Coze).

M. Guizot écrivait il y a quelques jours :

Je suis de ceux qui persistent à croire que, lorsque la France aura bien vu pourquoi elle n'a pas réussi, elle obtiendra, en le méritant, le succès qui lui a manqué.

Je suis convaincu que, pour son salut social et moral, il faut que la France redevienne chrétienne, et que, *redevenant chrétienne*, elle reste catholique.

(*Courrier de Bruxelles.*)

Pour que la France redevienne réellement catholique, se relève et corresponde de nouveau à la hauteur de ses destinées providentielles, il faut : Que Dieu et son saint nom reparaissent hautement et franchement en tête de la Constitution ;

Que les droits et les lois de Dieu y priment les lois et les droits de l'homme ;

Que l'Assemblée nationale ramène promptement la forme de son gouvernement en une monarchie foncièrement catholique et française ;

Qu'elle dégage la France d'un provisoire né d'événements malheureux, d'occasion, impuissant, et en tout cas insuffisant ;

Que la majorité cherche dans son sein un ministère imbu de la volonté de cette majorité, des hommes qui soient de grands ministres, de véritables hommes d'État si possible ;

Que la majorité confie le pouvoir provisoire exécutif à un précurseur chargé de préparer la voie à celui que la France attend, et que Dieu lui tient en réserve ;

Que, dans l'intervalle, l'Assemblée nationale élabore la Constitution que réclame la malheureuse situation actuelle de la patrie ;

En un mot, que la majorité de l'Assemblée ait la ferme volonté de faire, sans aucun retard, ce qu'elle se doit à elle-même et ce qu'à bon droit la France catholique attend ;

Nous serons sans inquiétude pour le reste ;

Deus providebit !...

En attendant, nous livrons à la méditation des hommes compétents l'étude de la Constitution suivante :...

Aux grands maux les grands remèdes !

CONSTITUTION.

Articles organiques de la Constitution.

Article premier. — Par la grâce de Dieu et le vote de l'Assemblée nationale, la présente Constitution est déclarée, à partir de sa promulgation, Constitution de la France.

Article deuxième. — Le Gouvernement de la France est une monarchie de Droit divin, Catholique, Constitutionnelle et Républicaine, par le jeu de ses institutions et le suffrage populaire.

Les rouages exécutifs, administratifs, législatifs et électoraux sont :

1° Le Roi, pouvoir exécutif, héréditaire, sacré et irresponsable.
2° Le Grand-Conseil permanent de la Couronne.
3° Les Ministres.
4° L'Assemblée nationale.
5° Le Sénat.
6° Le Corps législatif.
7° Le Conseil d'État.
8° Les Conseils généraux de gouvernements.
9° Les Conseils spéciaux de départements.
10° Les Conseils cantonaux.
11° Les Conseils municipaux.
12° Les Gouverneurs.
13° Les Préfets.
14° Les Sous-Préfets ou Maires cantonaux.
15° Les Maires communaux.
16° Le Suffrage populaire.

Articles additionnels et explicatifs des articles organiques de la Constitution.

DU POUVOIR EXÉCUTIF.

Article premier. — Le Pouvoir exécutif prend le titre de Roi ; sa personne est sacrée, inviolable, irresponsable, héréditaire de mâle en mâle par ordre de primogéniture, ou par adoption à défaut d'héritiers mâles.

Article deuxième. — Le Roi, ainsi que ses successeurs, comme l'a été le Roi Henri IVe, de populaire mémoire, seront sacrés, à leur avénement au trône, dans la Cathédrale de Chartres, par le Souverain-Pontife-Roi, si possible, qui en recevra chaque fois l'invitation, ou, à son défaut, par un délégué du Saint-Père, assisté des Cardinaux français et des Évêques de Chartres et de Versailles.

Article troisième. — Le Roi jouit de toutes les prérogatives attachées, en France, à une royauté vraiment populaire, moins certaines restrictions que la présente Constitution a jugé prudent, dans l'intérêt de la Dynastie, comme dans celui de la France, de lui imposer.

Article quatrième. — Le Pouvoir exécutif souverain a droit de grâce. C'est le plus beau fleuron d'une couronne royale.

Article cinquième. — Le Roi dénonce la guerre, votée et déclarée par l'Assemblée nationale, et signe les traités de paix consentis par cette auguste Assemblée.

Article sixième. — Dans les circonstances ordinaires, le Roi, quand il lui plaît, traite directement avec les ambassadeurs des puissances étrangères qui sont accrédités à sa Cour.

Article septième. — Le Roi nomme à tous les emplois civils et militaires.

Article huitième. — Le Roi nomme et révoque les Ministres, en se conformant aux prescriptions de la Constitution.

Article neuvième. — Comme chef du Pouvoir exécutif, le Roi préside le Grand-Conseil de la Couronne, le Conseil des Ministres et le Conseil d'État.

Article dixième. — Le Roi nomme directement et personnellement, à son choix, la moitié des membres du Sénat; il les nomme à temps, à vie ou héréditaires à son gré, sans autres conditions : 1° que d'être né Français ou naturalisé; et de grands et réels services rendus à l'État soit dans la diplomatie, l'armée, l'administration, la science, l'agriculture, le commerce, la presse, la littérature ou les beaux-arts.

Article onzième. — Le Roi ouvre et clôt en personne les sessions de l'Assemblée nationale, du Sénat et du Corps législatif.

Article douzième. — Le Roi traite directement avec le Souverain-Pontife-Roi des affaires civiles touchant aux questions religieuses; il choisit directement et nomme, d'accord avec le Saint-Père, les Évêques de France.

Article treizième. — Le Roi convoque l'Assemblée nationale quand il en constate la nécessité, d'accord avec le Grand-Conseil de la Couronne : 1° le Grand-Conseil de la Couronne; 2° le Sénat; 3° le Corps législatif; 4° le Conseil d'État, en se fusionnant, composent réunis l'Assemblée nationale.

Article quatorzième. — En cas de guerre, le Roi doit rester dans la même résidence que l'Assemblée nationale en permanence, pour prendre, d'accord avec elle, toutes les mesures d'urgence.

Article quinzième. — Le Roi nomme les Généraux et les Amiraux, commandant les armées et les flottes; d'accord avec un conseil de guerre, il leur donne des instructions, mais il ne peut, sans l'assentiment de l'Assemblée nationale, même en cas d'invasion du sol français, les commander en personne.

Article seizième. — Le Roi jouit des domaines de la Couronne.

Article dix-septième. — La liste civile ne pourra dépasser. . . . .; la Constitution entend que le Souverain ne fasse avec cette liste civile ni dettes ni économies; mais que le Chef du Pouvoir exécutif représente royalement la France et son génie hospitalier, religieux et bienfaisant.

Du Drapeau de la France.

Article dix-huitième. — Le Drapeau rouge, drapeau de sang, de pillage et de meurtre, est interdit.

Article dix-neuvième. — Le Drapeau tricolore, d'origine révolutionnaire, si humilié récemment devant l'ennemi, est supprimé.

Article vingtième. — Le Drapeau de la France, à l'avenir, sera : 1° le Drapeau blanc; 2° le corps de l'étoffe du Drapeau sera blanc avec un Sacré Cœur rouge au milieu; les cravates du Drapeau seront blanches ; 3° le bâton de la hampe sera peint en bleu, orné en haut d'une couronne en cuivre surmontée d'une croix.

Des Résidences habituelles et temporaires du Chef du Pouvoir exécutif, des Ministres, du Grand-Conseil de la Couronne, du Sénat, du Corps législatif, du Conseil d'État, de l'Assemblée nationale.

Article premier. — Le séjour habituel du Roi, des Ministres, du Grand-Conseil de la Couronne et du Corps législatif, pendant ses sessions ordinaires, sera à. . . . .

Article deuxième. — La réunion du Grand-Conseil de la Couronne, du Sénat, du Corps législatif, du Conseil d'État, aura lieu habituellement à................ ou toute autre ville centrale.

Article troisième. — A moins qu'une nécessité urgente, ou une sédition intérieure, ne forcent le Souverain, d'accord avec le Grand-Conseil de la Couronne, à les convoquer dans une autre localité.

Article quatrième. — En tout cas, il est interdit, par la Constitution, au Gouvernement, de convoquer les Chambres, au Sénat et au Corps législatif de se rassembler :

1° Dans une ville rapprochée de moins de cent kilomètres de la frontière ou de la mer ;

2° Dans une place de guerre, ou toute autre ville murée, fortifiée ou entourée de fortifications détachées ;

3° L'Assemblée nationale, le Sénat, le Corps législatif, ne peuvent siéger ni être convoqués, même passagèrement, dans une ville ouverte, peuplée de moins de douze mille âmes et de plus de soixante mille.

Article cinquième. — Le Corps législatif, siégeant ordinairement à . . . . . le Sénat siégera habituellement à. . . . .

Article sixième. — Le ministère de l'Intérieur, des Affaires étrangères, des Cultes, de la Guerre et de la Marine, seront tranférés à........

Article septième. — Le ministère de la Justice, des Finances, des Travaux publics, des Chemins de fer resteront provisoirement à........

Article huitième. —Par toutes ces précautions, la Constitution entend que Paris, pour l'avenir, étant : 1° une place de guerre de 1re classe, entourée de remparts, fermée, défendue par des forts et ouvrages détachés ; — 2° une ville de près de deux millions d'habitants ; — 3° un foyer incessant d'agitations, de troubles, d'émeutes, de révolutions, d'une humeur taquine, inquiète, agitée et changeante ; *dans l'intérêt bien compris de la France entière*, et de plus de trente-six millions d'habitants :

Paris a cessé d'être la Résidence habituelle du Roi et des grands pouvoirs de l'État.

Article neuvième. — Pendant l'intervalle des sessions, quand il le jugera prudent, le Roi séjournera à Paris un mois, six semaines au plus, pour y donner des Fêtes. Quand le Grand-Conseil de la Couronne verra un inconvénient au séjour du Souverain à Paris, il a le devoir et le droit de s'y opposer dans l'intérêt de la France.

Nouvelles divisions de la France.

Article premier. — 1° La France, à l'avenir, est divisée en trente-trois gouvernements ; — 2° en cent trente-deux départements ; — deux mille huit cent soixante cantons.

Article deuxième. — Un gouvernement comprendra généralement quatre départements.

Article troisième. — Chaque département comprendra environ de vingt à vingt et un cantons.

Article quatrième. — Chaque gouvernement sera administré par un Gouverneur, ayant sous ses ordres les Préfets ressortissant de son gouvernement.

Article cinquième. — Les Gouverneurs et les Préfets sont nommés par le Pouvoir exécutif.

Article sixième. — Les Maires de cantons qui porteront le nom de Sous-Préfets, et les Maires des communes, sont sous les ordres immédiats du Préfet de leurs départements.

Article septième. — L'arrondissement, les Conseils d'arrondissements, les Sous-Préfectures actuelles sont supprimés.

Le Grand-Conseil permanent de la Couronne.

Article premier. — Le Grand-Conseil permanent de la Couronne se compose :

1° Du Roi, Président d'honneur et de droit.

2° Du Président du Sénat, 1er Vice-Président et Président en l'absence du Roi.

3° Du Président du Corps législatif, 2me Vice-Président.

4° Du Président du Conseil des Ministres.

5° De trois Sénateurs élus par le Sénat, à la fin de chaque session, pour une année.

6° De trois Députés élus par le Corps législatif, à la fin de la session ordinaire, pour une année.

7° Du Président du Conseil d'État.

8° De trois Cardinaux.

9° De trois Maréchaux.

10° De trois Amiraux.

11° De six personnes, ne faisant pas partie des grands pouvoirs de l'État, nommés et révocables par le Roi.

12° Des membres de la Famille royale des deux sexes, avec voix consultative seulement.

Article deuxième. — Les membres du Grand-Conseil permanent de la Couronne restent habituellement et en permanence dans la résidence du Souverain et du Corps législatif.

Article troisième. — Dans les cas graves, ils tiennent conseils avec les Ministres. Le Roi préside le Conseil, à son défaut le Président du Sénat.

Article quatrième. — Le Grand-Conseil permanent de la Couronne peut, à la majorité des voix, exiger, quand il le croit nécessaire, la révocation d'un Ministre ou un changement de Ministère.

Article cinquième. — En cas de guerre ou de révolution, le Conseil convoque d'urgence le Sénat, le Corps législatif et le Conseil d'État, en Assemblée nationale.

Article sixième. — Dans l'intervalle des sessions, le Grand-Conseil contrôle les mesures prises par les Ministres, avant qu'elles ne soient publiées et soumises à la sanction et à la signature du Roi; ils peuvent s'y opposer à la majorité des voix, et en suspendre l'exécution jusqu'à réunion des Chambres.

Article septième. — Le Grand-Conseil peut s'opposer par son vote à la nomination de tout Ministre et de tout fonctionnaire qui lui paraîtrait dangereux pour le bien de l'État. Sur des motifs graves et fondés, il peut exiger immédiatement des démissions de fonctionnaires publics.

Article huitième. — En cas de mort du Souverain, de minorité de l'héritier ou de l'adopté, de vacance fortuite du Trône, le Grand-Conseil devient, pendant l'interrègne ou la minorité, Pouvoir exécutif. Le Roi est majeur à quinze ans.

Article neuvième. — Le Président du Sénat devient provisoirement Président ou Chef du Pouvoir exécutif.

Article dixième. — En cas de vacance du Trône, faute d'héritier ou d'adopté, le Conseil a trois mois pour présenter un nouveau Souverain à l'approbation des Grands Corps de l'État représentant la Nation.

Article onzième. — La Constitution, qui interdit toutes les Sociétés secrètes, ne pourrait tolérer en aucun cas qu'un ou plusieurs membres de la Famille royale en fissent partie à aucuns titres, comme cela a eu lieu antérieurement. Cela prouvé, serait, de fait même, un crime de haute trahison.

Article douzième. — Toute conspiration contre le Roi, son héritier direct ou adoptif, contre la Religion d'État, la tranquillité publique, ou inspirée, dirigée, ou dont ferait simplement partie un membre de la Famille royale, le fait prouvé, le Prince sera déclaré coupable de crime de haute trahison, pouvant entraîner la mort, un exil temporaire ou à vie.

Le Grand-Conseil de la Couronne est chargé dans ces deux cas de convoquer l'Assemblée nationale en Haute-Cour suprême de justice. Son jugement est définitif et sans appel.

Article treizième. — Le droit de grâce du Souverain est suspendu, toute intervention lui est interdite quand un membre de sa famille a été mis en accusation.

L'Assemblée nationale.

Article premier. — La Constitution entend, par Assemblée nationale, la fusion momentanée et accidentelle du Grand-Conseil permanent de la Couronne, du Sénat, du Corps législatif et du Conseil d'État, convoqués par leurs réunions à former une Assemblée à la fois Constituante, Législative et Souveraine.

Article deuxième. — Le Vice-Président du Grand-Conseil permanent de la Couronne en est Président de droit, les Présidents du Corps législatif et du Conseil d'État, Vices-Présidents.

Article troisième. — Les bureaux du Sénat et du Corps législatif se fusionnent et n'en forment qu'un seul pour la durée de la session.

Article quatrième. — Le Roi, le Grand-Conseil permanent de la Couronne, les Ministres, le Sénat, le Corps législatif, le Conseil d'État peuvent chacun, dans des cas urgents et très-graves, réclamer la réunion de l'Assemblée nationale.

Article cinquième. — Le Roi la convoque ; à son défaut, le Grand-Conseil permanent de la Couronne.

Article sixième. — L'Assemblée nationale peut être réunie : 1° par la mort du Roi ; 2° la vacance du Trône ; 3° dans un cas de guerre, l'Assemblée nationale POUVANT SEULE LA VOTER, *ainsi que les traités de paix ;* 4° par suite d'une question de cabinet ; 5° un conflit entre un ou plusieurs Grands Pouvoirs de l'État, pour le résoudre souverainement ; 6° en cas d'un événement grave, imprévu, intéressant tout ou partie de l'État ; 7° en cas d'attentat contre le Roi, la Famille royale ou la Constitution, de révolutions, d'émeutes, de séditions générales ou particulières ; l'Assemblée nationale se constitue alors en Haute-Cour de justice, souveraine et sans appel.

DES MINISTRES.

PARAGRAPHE PREMIER.

Article premier. — Les Ministres au choix personnel et direct du Roi sont :

1° Le Président du Conseil des Ministres, Ministre sans portefeuille portant le nom de Ministre d'État.

2° Le Ministre des Affaires étrangères.

3° Le Ministre des Cultes, un Cardinal.

4° Le Ministre de l'Intérieur.

5° Le Ministre de Police et de Sûreté générale.

6° Le Ministre de l'Instruction publique.

PARAGRAPHE SECOND.

Article deuxième. — Les Ministres présentés au Roi par le Grand-Conseil de la Couronne, et pouvant être pris en dehors du Corps législatif, sont :

1° Le Ministre de la Guerre.

2° Le Ministre de la Marine et des Colonies.

PARAGRAPHE TROISIÈME.

Article troisième. — Les Ministres choisis par le Grand-Conseil de la Couronne, mais pris parmi les membres du Corps législatif, sont :

1° Le Ministre des Finances.

2° Le Ministre de la Justice.

3° Le Ministre des Travaux publics.

4° Le Ministre du Commerce, de l'Agriculture et des Beaux-Arts.

5° Le Ministre des Chemins de fer.

Article quatrième. — En cas de conflit, dans une question très-grave, entre les Ministres et les Chambres, ou entre le Sénat et le Corps législatif, le Ministère, le Sénat ou le

Corps législatif peuvent réclamer, chacun de leur côté, du Grand-Conseil permanent de la Couronne la convocation de l'Assemblée nationale. Si le Grand-Conseil repousse la demande du Ministère comme non fondée, ce dernier offre sa démission au Roi, qui l'accepte.

DE LA RELIGION D'ÉTAT.

Des Cultes.

PARAGRAPHE PREMIER.

Article premier. — LA RELIGION CATHOLIQUE, APOSTOLIQUE ET ROMAINE, ÉTANT LA RELIGION DE LA TRÈS-GRANDE MAJORITÉ, la Constitution en France, *par respect pour le suffrage populaire même*, déclare et reconnaît LA RELIGION CATHOLIQUE, APOSTOLIQUE ET ROMAINE RELIGION D'ÉTAT.

Article deuxième. — La Constitution entend par Religion d'État que le Culte catholique, Religion de la majorité, est le seul officiellement reconnu et employé dans les cérémonies publiques, le seul autorisé à déployer librement les pompes et les cérémonies de son Culte, en dehors de ses monuments religieux.

Article troisième. — Comme la Constitution et la personne du Souverain, la Religion d'État est indiscutable, inviolable et sacrée.

Article quatrième.—Comme la Religion d'État en France, la personne et les décisions du Pontife-Roi de Rome, représentant perpétuel, visible et infaillible de son divin Fondateur, en France, sont inviolables et sacrés.

Article cinquième. — Le Pape, en France, directement et par ses Brefs, Encycliques, Constitutions, Allocutions, Bulles, ses Ministres et ses Nonces, communique librement avec les Évêques, le Clergé, les Fidèles, pour tout ce qui est du ressort des consciences, ou dans les intérêts de la Religion d'État.

Article sixième. — Pour faire rentrer le Gouvernement de la France dans les grands courants de la politique séculaire et traditionnelle, qui a jadis fait sa gloire, le Gouvernement doit, en première ligne, faire tout ce qui est d'abord diplomatiquement possible: 1° Pour le rétablissement temporel des Pontifes-Rois de Rome; — 2° Ce premier résultat atteint de façon ou d'autre, pour que les États de l'Église, tels qu'ils étaient constitués, tout au moins, avant la campagne d'Italie, *soient rétablis intégralement, sous le nom d'États catholiques, apostoliques, romains;* DÉCLARÉS NEUTRALISÉS ET INVIOLABLES *par tous les États catholiques; reconnus comme tels par toutes les autres puissances, dans un congrès général des Gouvernements européens.*

Du Ministère des Cultes.

PARAGRAPHE SECOND.

Article septième. — 1° Le Ministre des Cultes sera un Sénateur-Cardinal.

2° Il aura sous lui trois Administrateurs généraux.

3° Un Administrateur général du Culte catholique, qui sera un Évêque *in partibus.*

4° Un Administrateur général pour le Culte protestant, qui sera un Ministre réformé.

5° Un Administrateur général pour le Culte israélite, qui sera un Rabbin.

Article huitième. — Il y aura: 1° un Archevêque dans chaque chef-lieu de gouvernement; — 2° un Évêque dans chaque département.

Article neuvième. — Les Ministres du Culte catholique ont droit et reçoivent *un traitement indemnitaire* de l'État.

Article dixième. — Le Judaïsme, comme préface et berceau du Christianisme dans le passé, son témoin irrécusable et providentiel dans le présent et l'avenir, est toléré, ses Rabbins autorisés et salariés.

Article onzième. — Le Protestantisme, par égard pour la

position antérieurement acquise, est également toléré ; ses Pasteurs, officieusement acceptés, sont également salariés.

Article douzième. — Les attaques et les insultes publiques et verbales, ou par écrit dans les journaux, brochures ou livres contre la Religion d'État, sont interdites, poursuivies et punies.

Des Dimanches et des Fêtes obligatoires pour l'État.

PARAGRAPHE TROISIÈME.

Article treizième. — La Constitution fait un devoir impérieux au Gouvernement que l'observation du chômage des Dimanches et des Fêtes reconnues par l'État soit observée par les employés civils et militaires, sans nuire cependant aux nécessités absolument indispensables du service.

Article quatorzième. — La suspension de tous travaux pour le compte de l'État, à moins d'un contre-ordre formel exceptionnel, et pour un cas urgent et imprévu, est obligatoirement imposée aux Entrepreneurs et Employés par le Gouvernement.

Article quinzième. — La Constitution, en dehors des Dimanches de l'année, reconnaît douze jours de Fêtes obligatoires pour l'État : 1° Le jour de Noël (25 décembre) ; — 2° le jour de Saint Joseph (19 mars) ; — 3° le jour de l'Ascension (le jeudi suivant le 5e dimanche après Pâques) ; — 4° le jour de la Fête-Dieu (le jeudi qui suit le dimanche de la Trinité) ; — 5° la Fête du Sacré-Cœur de Jésus, auquel la France a été solennellement consacrée (le 1er vendredi après l'Octave du Saint-Sacrement).

Ce jour sera spécialement consacré par le Gouvernement et l'État à être un jour de prières et de réparations, d'amendes honorables, pour les désordres des Gouvernements passés, de Paris et de la France, et pour attirer sur notre Patrie la Miséricorde divine ; en outre, et pour les mêmes motifs, un Édifice religieux digne de la France, par les soins du Gouvernement, sera construit sur un emplacement aussi central que possible dans Paris. Cette Église sera dédiée au Sacré-Cœur de Jésus.

6° La fête de Saint Pierre et de Saint Paul (29 juin) ; — 7° la fête de Sainte Anne et Saint Joachim (26 juillet) ; — 8° la fête de l'Assomption (15 août) ; — 9° la Saint-Michel (29 septembre) ; — 10° la fête de tous les Saints (1er novembre) ; — 11° la fête de l'Immaculée Conception (8 décembre) ; — 12° la Saint.......?

Article seizième. — A l'avenir, le *Domine salvum fac Regem*, qui sera chanté tous les Dimanches et Fêtes dans les Églises, au lieu de répéter, comme par le temps passé, trois fois le même verset, sera à l'avenir chanté ainsi :

1re fois. — *Domine salvum fac Regem*, etc.

2e fois. — *Domine salvum fac summum Regem, infaillibilem Romanum Pontificem*, etc. ; le reste comme à l'ordinaire.

3e fois. — *Domine salvam fac Patriam nostram*, etc. ; le reste comme à l'ordinaire.

Observations. — Dans des buts de réparations faciles à comprendre, il conviendra : 1° d'élever une statue colossale du Sacré-Cœur de Jésus, sur l'emplacement de la colonne Vendôme ; — 2° de construire une chapelle dédiée à Notre-Dame des Sept-Douleurs, sur l'emplacement du Monument expiatoire détruit ; — 3° d'élever une statue à Monseigneur Affre sur la colonne de la place de la Bastille ; — 4° de supprimer celle de Voltaire ; — 5° d'établir un square rue Cadet, à Paris, sur un emplacement ultérieurement désigné.....

Conséquences complémentaires de la Religion d'État.

Article dix-septième. — Les jeunes gens entrés, avant vingt ans, dans un séminaire pour devenir prêtres, ne peuvent être soumis, en aucun cas, à un service militaire quelconque.

Article dix-huitième. — Les professeurs des établissements d'instruction primaire et supérieure, religieux ou ecclésiastiques, les instituteurs congréganistes jouissent de la même immunité.

Article dix-neuvième. — Les Archevêques, les Évêques pour leurs diocèses ou leurs séminaires, leurs édifices religieux, leurs fabriques, leurs institutions de bienfaisance ou d'éducation, les chefs d'ordres religieux, les supérieures des couvents de femmes, seront considérés comme personnages civils, pouvant vendre, acheter, tester, hériter, au profit et bénéfice des intérêts spéciaux et religieux qu'ils représentent; le tout, en se conformant purement et simplement au droit commun, et aux lois qui régissent entre eux, et entre eux et l'État, les intérêts privés des particuliers.

ENSEIGNEMENT ET INSTRUCTION PUBLIQUE.

Article premier. — L'Enseignement supérieur est libre.

Article deuxième. — L'Enseignement primaire est obligatoire.

Article troisième. — Le monopole de l'Université est supprimé.

Article quatrième. — Les programmes des examens pour les différentes facultés, obligatoires dans tous les gouvernements de la France, seront arrêtés chaque année par le Conseil supérieur de l'Instruction publique.

Article cinquième. — Le Conseil de l'Instruction publique est composé : 1° du Ministre de l'Instruction publique, président de droit; 2° de trois Cardinaux; 3° de trois Amiraux; 4° de trois Maréchaux de France; 5° de trois Sénateurs; 6° de trois Députés; 7° de trois Conseillers d'État; 8° de trois Supérieurs de Séminaires; 9° de trois anciens Magistrats; 10° de trois chefs d'Institutions religieuses; 11° de trois chefs d'Institutions laïques; 12° de trois Docteurs de la Faculté de médecine.

Article sixième. — Les Conseils de gouvernements nommeront un Conseil d'Instruction secondaire et professionnelle pour chaque gouvernement ; les Gouverneurs, les Préfets, les Archevêques, les Évêques, les Généraux en activité de service dans le gouvernement en font partie de droit.

Article septième. — Toute personne civile, homme ou femme, qui voudra donner l'instruction primaire dans un gouvernement, devra être autorisée par le Conseil d'instruction du gouvernement, après examens de capacité, et enquête préalable de moralité.

Article huitième. — Les prêtres, les religieux, les frères des écoles, les religieuses cloîtrées, les sœurs, devront avoir une autorisation de l'autorité ecclésiastique du gouvernement.

DES SOCIÉTÉS SECRÈTES.

1° De la Franc-Maçonnerie ; 2° de l'Internationale ; 3° des Clubs, Cercles, ou autres réunions clandestines.

De la Franc-Maçonnerie.

PARAGRAPHE PREMIER.

Article premier. — 1° La Franc-Maçonnerie étant un véritable Gouvernement occulte et cosmopolite ;

2° La Constitution ne pouvant ni ne voulant tolérer un Gouvernement dans le Gouvernement ;

3° La Franc-Maçonnerie étant la négation de toute religion ;

4° La Franc-Maçonnerie étant, en politique comme en religion, négation et révolution ;

5° La Franc-Maçonnerie étant déjà et avec raison condamnée par les Souverains-Pontifes, chefs suprêmes de la religion Catholique, religion d'État ;

La Franc-Maçonnerie en particulier est : 1° complétement interdite et proscrite sur toute l'étendue du territoire français ; 2° toutes les loges existantes sont dissoutes ; 3° tout fonctionnaire, tout employé de Gouvernement civil ou militaire devra, en entrant en fonctions, prêter serment devant qui de droit qu'il n'appartient pas, qu'il n'appartiendra jamais ou n'appartient plus à la Franc-Maçonnerie ni à aucunes Sociétés occultes; 4° le fonctionnaire ou employé civil convaincu, malgré son serment, de faire encore partie de la Franc-Maçonnerie, sera : 1° destitué immédiatement; 2° privé de ses droits politiques à vie; 3° le récidiviste sera condamné à la déportation à vie; 4° le militaire, gradé ou non gradé, convaincu, malgré son serment, de faire partie de la Franc-Maçonnerie, sera: 1° dégradé, condamné à cinq ans de prison militaire, et privé à vie de ses droits politiques.

De l'Internationale.

PARAGRAPHE DEUXIÈME.

Article deuxième. — L'Internationale est absolument interdite en France.

Celui qui sera convaincu de faire partie de cette Société sera: 1° privé de ses droits politiques à vie; 2° déporté pour dix ans; 3° en cas de récidive, déporté à vie.

Des Clubs, Cercles et autres réunions clandestines.

PARAGRAPHE TROISIÈME.

Article troisième. — 1° Tous les Cercles, Clubs ou réunions tolérés précédemment, sont généralement dissous provisoirement;

2° Les Réunions, Sociétés, Clubs, qui voudraient s'ouvrir ou rouvrir devront, avant de le faire, être de nouveau dûment, nominalement et spécialement autorisés;

3° Toutes les autres Réunions ou Sociétés restent closes et dissoutes définitivement;

4° Les locataires ou propriétaires dont les locaux ou habitations servaient précédemment de Loges maçonniques, ou de lieu de réunion à d'autres Sociétés dissoutes, devront, dans les trois mois de la promulgation de la présente, avoir donné d'une manière définitive une autre destination à leurs locaux ou habitations ;

5° En cas de non-exécution ou de contravention, au bout des trois mois, le locataire ou propriétaire des locaux ou habitations sera passible : 1° d'une amende de dix mille à trente mille francs ; 2° le local sera loué administrativement pour la durée restant du bail, ou l'habitation vendue par justice au profit des pauvres ; 3° en cas de non-payement de l'amende, à cinq ans de déportation.

DE LA FORCE ARMÉE.

Dispositions générales.

Article premier. — Tout Français, âgé de vingt ans, doit un service militaire à son pays, jusqu'à trente-cinq ans, soit dans le service actif, soit dans la mobile, ou première réserve, soit dans la deuxième réserve, ou milice gouvernementale.

Article deuxième. — Tout Français âgé de vingt ans depuis le 1er janvier, ou qui les aura jusqu'au 31 décembre inclusivement, est compris dans le tirage au sort de l'année courante.

Article troisième. — Le Corps législatif fixe chaque année, sur un rapport motivé du Ministre de la guerre, le chiffre du contingent de l'armée active pour l'année courante.

Article quatrième. — Les premiers numéros, jusqu'au chiffre nécessaire pour composer le contingent, font partie de l'armée active pendant cinq années.

Article cinquième. — Les chiffres suivants, jusqu'au dernier numéro, sont partagés en deux classes par parties égales.

Article sixième. — La deuxième série, comprenant les numéros intermédiaires, fait partie de la première réserve mobile.

Article septième. — La dernière série, comprenant les numéros les plus élevés, compose la seconde réserve sédentaire ou milice gouvernementale.

Article huitième. — Cependant tous les numéros, depuis le premier jusqu'au dernier, sont tenus à six mois de services actifs.

Article neuvième. — Tous reçoivent, après avoir passé au Conseil de révision, une désignation pour un régiment de terre ou de marine.

Article dixième. — Ils sont dirigés immédiatement, pour être incorporés dans les régiments qui leur ont été désignés.

Article onzième. — Pendant les six mois, les trois classes reçoivent la même instruction, que l'on rend aussi généralement complète que possible.

Article douzième. — Avant les six premiers mois, tout remplacement est impossible dans aucunes classes.

Article treizième. — Les six premiers mois écoulés, les soldats de la mobile et de la réserve qui ne sont pas retenus au corps par mesure disciplinaire sont renvoyés en congé provisoire dans leurs départements avec armes et bagages, à moins qu'ils ne sachent ni lire ni écrire. Dans ce cas, ils sont retenus pendant deux années.

Article quatorzième. — Ils restent tous, néanmoins, jusqu'à trente-cinq ans immatriculés au régiment, pour compléter et doubler les bataillons de guerre au besoin ; en temps de paix, un soldat de la première classe peut se faire, après six mois, remplacer par un soldat de la mobile, dont il prend lui-même la place ; et un soldat de la mobile peut être remplacé par un soldat de la réserve, ou un soldat dont le service actif est terminé.

Article quinzième. — La Constitution, pour le saint nom de Dieu, comme pour la dignité de la France et de ses enfants, réclame impérieusement des chefs de l'armée d'interdire radicalement les blasphèmes, trop en usage dans les armées françaises.

Article seizième. — Un aumônier ordinaire est attaché en temps de paix à chaque régiment; en temps de guerre, il peut leur être adjoint des auxiliaires, si les circonstances l'exigent.

Article dix-septième. — Le Cardinal Ministre des Cultes nomme les Aumôniers, mais les Colonels peuvent lui désigner l'Aumônier qu'ils désireraient spécialement pour leurs régiments.

Article dix-huitième. — A moins de raisons graves, toutes facilités compatibles avec les nécessités urgentes du service doivent être accordées aux troupes pour assister aux services religieux et se reposer les dimanches et les jours de fêtes de l'État.

Article dix-neuvième. — Les Aumôniers célèbreront, autant que possible, chaque dimanche et aux fêtes légales, une messe militaire spéciale dans la paroisse la plus voisine.

Article vingtième. — Le régiment y sera représenté par un détachement, dont l'importance sera décidée par les circonstances.

Article vingt-unième. — L'Aumônier a rang de Chef d'escadron ou de bataillon pour la solde et les honneurs militaires; il a droit à un brosseur et à un cheval.

Article vingt-deuxième. — L'Aumônier fera, au moins une fois par semaine, une conférence sur les vérités et les principes fondamentaux de la religion d'État.

Article vingt-troisième. — Les soldats non catholiques ne sont tenus ni aux messes militaires du dimanche, ni aux conférences dans les chambrées. Les soldats israélites seront, autant que possible, libres de service le samedi, et leurs jours de fêtes spéciales, les soldats protestants et les juifs seront dispensés, autant que faire se pourra, d'assister aux cérémonies catholiques, messes, réunions et enterrements catholiques.

Article vingt-quatrième. — Les jeunes gens qui, au moment du tirage au sort, sont déjà dans les séminaires ou maisons religieuses, se destinant à l'état ecclésiastique, sont dispensés de tout service militaire.

Les laïcs se vouant à l'enseignement public par engagement, jusqu'à l'âge de trente-cinq ans, seront néanmoins incorporés dans un régiment ; après six mois de service actif, ils pourront être renvoyés au lieu du siége de leur enseignement, en congé indéfiniment renouvelable. En cas de plaintes fondées de mauvaise conduite, ils seront renvoyés à leur corps.

Article vingt-cinquième. — Quelle que soit la classe à laquelle le sort l'a appelé, tout soldat peut contracter mariage, selon les lois ordinaires, et le consentement du Colonel du régiment où il a été incorporé.

Article vingt-sixième. — La garde nationale et les corps de pompiers actuellement existants dans toute l'étendue du territoire français sont dissous.

Article vingt-septième. — Des gardes urbaines et rurales, et des corps de pompiers seront constitués dans les villes, bourgs et villages, par les soins des autorités militaires de chaque département, pour veiller à l'ordre public, prêter main-forte à la gendarmerie, rendre les honneurs militaires, assister aux cérémonies commandées, et éteindre les incendies ; ils seront chaque année, pendant six semaines, rassemblés et exercés ; tout soldat de la mobile ou de la réserve peut être disciplinairement, pour un temps plus ou moins long, renvoyé en service actif, dans le régiment où il a été incorporé.

Article vingt-huitième. — Feront seuls partie de ces corps, et obligatoirement jusqu'à trente-cinq ans, les hommes en non-activité de service.

Article vingt-neuvième. — Tout refus de service commandé est passible de conseil de guerre.

Article trentième. — A moins de guerre d'invasion, passé trente-cinq ans aucun Français ne peut être forcé à aucun service militaire.

DU SUFFRAGE POPULAIRE.

Des effets directs et indirects du suffrage populaire.

PARAGRAPHE PREMIER.

Des effets directs du suffrage populaire.

Article premier. — Tout français âgé de vingt-cinq ans accomplis, sachant lire et écrire, non privé de ses droits politiques, est électeur de fait et de droit *dans la commune où il est né;* quels que soient le lieu, la ville, le département, le gouvernement qu'il habite, la durée de son dernier séjour dans la localité où il se trouve au moment du vote : *il ne peut être électeur autre part.*

Article deuxième. — Tout Français né hors de France, tout étranger naturalisé Français, âgé de vingt-cinq ans révolus, jouissant de tous ses droits politiques, choisit, une fois pour toutes, la localité, en France, où il entend jouir de ses droits électoraux ; il y est inscrit d'office, il lui en est délivré un acte, il y devient électeur pour toute sa vie.

Article troisième. — Le suffrage populaire est régularisé comme suit :

1° L'électeur absent de la localité où il est né, et où il est exclusivement appelé à voter, se présentera quelques jours avant l'élection à la mairie, ou à la justice de paix la plus rapprochée de son domicile actuel.

2° Après avoir donné à la personne préposée à cet objet, si elle l'exige, la preuve qu'il sait lire et écrire, il lui remettra son vote par écrit renfermé sous une enveloppe cachetée, mais portant son nom.

3° Le préposé le placera immédiatement sous ses yeux dans une seconde enveloppe, portant imprimé sur son entête : Vote Électoral-Franco.

4° L'électeur *y inscrira lui-même de suite* l'adresse du maire et du juge de paix de la commune où il est électeur.

5° Le préposé, après l'avoir cachetée de quatre cachets en cire portant l'empreinte du timbre de la mairie ou de la justice de paix, la rendra à l'électeur pour qu'il la porte lui-même au bureau de poste le plus rapproché.

6° L'employé du bureau de poste chargera la lettre franco, et en donnera un récépissé.

7° Le maire ou le juge de paix, auquel la lettre aura été adressée, l'apportera et la remettra cachetée le jour de l'élection aux scrutateurs au moment du vote ; la première enveloppe ouverte, on lira publiquement le nom de l'électeur inscrit au dos de la deuxième enveloppe.

8° Les scrutateurs, après s'être assurés que le nom inscrit sur l'enveloppe appartient à un électeur né dans la commune, ayant l'âge requis et jouissant de ses droits politiques, ouvriront la seconde enveloppe, en retireront le vote plié, et sans l'ouvrir le déposeront dans l'urne électorale.

Résultats généraux du suffrage populaire.

PARAGRAPHE SECOND.

Article quatrième. — Les Conseillers municipaux élisent les Conseillers cantonaux.

Article cinquième. — Les Conseillers municipaux et cantonaux élisent les Conseillers spéciaux du département.

Article sixième. — Les Conseillers municipaux, cantonaux, de départements, élisent les Conseillers de gouvernements.

Article septième. — Les Conseillers municipaux cantonaux, de départements et de gouvernements, nomment les Députés et les Sénateurs.

Article huitième. — Les Députés et les Sénateurs sont choisis parmi les Conseillers de gouvernements.

Article neuvième. — Les Archevêques, les Évêques font partie de droit du Conseil de gouvernement et des départements où ils ont leurs siéges, avec voix consultative simplement; mais ils sont seulement électeurs et éligibles comme Sénateurs et Députés, dans le gouvernement dont dépend actuellement le département où ils sont nés.

Article dixième. — Le Maréchal ou Général en chef commandant militaire du gouvernement, les Généraux en activité sous ses ordres, font partie de droit du Conseil général du gouvernement où ils résident, ainsi que le Payeur général, mais ils n'ont que voix consultative.

Article onzième. — Pour être élu membre du Conseil municipal, il faut avoir vingt-six ans révolus.

Article douzième. — Il faut avoir trente ans révolus pour faire partie du Conseil cantonal.

Article treizième. — Il faut avoir trente-deux ans accomplis pour pouvoir être nommé Conseiller de département.

Article quatorzième. — Il faut avoir trente-cinq ans accomplis pour être nommé Conseiller de gouvernement.

Article quinzième. — Il faut avoir quarante ans pour être nommé Député.

Article seizième. — Il faut avoir quarante-cinq ans accomplis pour être nommé Sénateur.

Article dix-septième. — Pour être élu à un degré quelconque dans un gouvernement, il faut être né dans un département *faisant partie* de ce gouvernement.

DES ÉLECTIONS.

Lois électorales.

DES CONSEILS DES COMMUNES. — DES CANTONS. — DES DÉPARTEMENTS. — DES GOUVERNEMENTS. — DU CORPS LÉGISLATIF.

Article premier. — Les élections des Conseils communaux ont lieu à la commune.

Article deuxième. — Les élections des Conseils des

cantons, des départements, des gouvernements, du Corps législatif, ont lieu au chef-lieu de canton.

Article troisième. — Les Conseils des communes, des cantons, des départements, des gouvernements, les Députés au Corps législatif, sont nommés pour *cinq ans;* ils se renouvelleront pendant les cinq premières années par cinquième, par voie de tirage au sort, après quoi chaque cinquième sortira à son tour après cinq années d'exercice; les démissionnaires, les décédés dans l'année, sont comptés dans le chiffre du cinquième sortant, et tous sont remplacés dans une seule et même élection, à la même époque, une fois par année, dans le courant de septembre.

Article quatrième. — Les élections ne durent qu'un jour, sans ballottage, à la simple majorité des suffrages.

Article cinquième. — En cas de deux chiffres parfaitement égaux entre deux candidats, le sort décide, séance tenante, entre les deux élus.

Loi électorale du Sénat.

Article premier. — Les membres du Sénat, élus pour la moitié par les gouvernements, sont nommés pour *dix ans;* ils se renouvellent par dixième, par le tirage au sort qui a lieu chaque année pendant dix ans à une des dernières séances de la session du Sénat, en tout cas, avant le commencement du mois d'août. Les décédés ou démissionnaires de l'année sont comptés dans le dixième sortant, et sont tous remplacés en même temps.

Article deuxième. — Les élections auront lieu aux chefs-lieux de cantons ; dans le courant d'octobre de chaque année, les conseillers communaux, cantonaux, départementaux et généraux de gouvernements nomment les Sénateurs.

Article troisième. — Les élections auront lieu dans un seul et même local par cantons.

Article quatrième. — Les élections auront lieu de huit heures du matin à midi, à la majorité pure et simple ; le ballottage, s'il y a lieu, pour parfaite égalité de voix, aura lieu de deux à quatre heures du soir.

Article cinquième. — Les Préfets, les Sous-Préfets et les Maires président les élections.

Article sixième. — Pour être éligible dans un gouvernement, il faut :

1° Etre né dans un des départements faisant partie du gouvernement dans lequel on est seulement éligible.

2° Etre âgé de quarante ans révolus.

3° Avoir été au moins une fois nommé Conseiller général et une fois Député.

Après avoir signalé d'où venait le mal, nous avons indiqué les remèdes !..... Serons-nous écoutés ?.....

Cette cinquième fois serons-nous encore compris...... trop tard !......

DIEU SAUVE LA FRANCE !

Le 18 mai de l'an de grâce 1871.

Cte de P.

Chartres. — Imp. de Georges Durand, rue de l'Hospice.

www.ingramcontent.com/pod-product-compliance
Ingram Content Group UK Ltd.
Pitfield, Milton Keynes, MK11 3LW, UK
UKHW020514230726
13925UKWH00005B/2164

9 782014 065848